Andrea Ohland
Barbara Schneider



# Wandkränze und Türschmuck fürs ganze Jahr

Urania-Ravensburger

# Inhalt

# Verwandeln Sie Türen und Wände in einen Blickfang!

Es gibt viele Möglichkeiten, eine Wohnung durch dekorativen, selbst gefertigten Wand-, Tür- und Fensterschmuck zu verschönern. Wir möchten Ihnen in diesem Buch die unterschiedlichsten Ideen für dieses schöne Hobby vorstellen.

Begrüßen Sie beispielsweise liebe Gäste bereits an der Tür mit einem selbst gewundenen und geschmückten Kranz. Oder verwandeln Sie doch einfach eine alte Gartenmauer mit einem Buchsbaumkranz in einen wahren Blickfang. Gestalten Sie Wohnaccessoires für sich selbst oder schenken Sie lieben Freunden einen Rebenkranz, in den Sie deren persönliche Urlaubserinnerungen integrieren.

Denn selbst hergestellte Heukränze, Rebenrahmen oder ein Dreieck aus Haselruten sind Unikate, die sehr individuell gestaltet werden können und jedes Mal wieder ein bisschen anders aussehen.

Unsere Vorschläge, die Ideen für jede Jahreszeit beinhalten, sollen dazu anregen, handgearbeitete Objekte mit Floristik zu kombinieren. Im Vorlagenbogen am Ende des Buches finden Sie Schablonen für alle vorgestellten Accessoires.

Das Arbeiten mit der Laubsäge, das sicherlich vielen aus den Werkstunden während der Schulzeit noch bekannt ist, steht hierbei im Vordergrund.

Viel Spaß beim Nacharbeiten wünschen

Andrea Ohland und Barbara Schneider

# Material und Technik

Im Folgenden sind die Grundmaterialien aufgeführt, die Sie für unsere Arbeiten benötigen.
Die genauen Angaben stehen bei den entsprechenden Motiven.

**Rebenkränze, Rahmen** und **verschiedene Dekorationsartikel** erhalten Sie in jedem Hobbyfachhandel oder in Kunstgewerbegeschäften.
**Sperrholz** können Sie günstig in Schreinereien oder im Holzhandel bekommen.
**Laubsäge** und **Zubehör**, sowie **Klebepistole, Farben, Pinsel** und vieles mehr werden im Hobbyfachhandel oder in Baumärkten angeboten.
Für die **floralen Materialien** wie Efeu, Buchsbaum, Moos etc. gehen Sie in einen Gartencenter oder aber in einen gut sortierten Blumenladen. Dort erhalten Sie ebenfalls **Floristenband** und **Blumenbindedraht**.

**Grundsätzlich benötigen Sie:**

**Kränze** und **Rahmen** in unterschiedlichen Ausführungen
**Laubsäge**
**Sägebrettchen**
**Sägeblätter** Nr. 1–4
Verschiedene **Scheren** wie beispielsweise eine Gartenschere (siehe jeweilige Anleitung)
Unterschiedliche **Klebstoffe** wie Heißkleber oder Holzleim (siehe jeweilige Anleitung)
**Pinsel** in verschiedenen Ausführungen

# So wird's gemacht !

**Motive übertragen**

Zeichnen Sie das Motiv mit einem weichen Bleistift von der Vorlage auf Paus- oder Architektenpapier ab.
Legen Sie das Papier mit der Bleistiftseite nach unten auf das Holz und zeichnen Sie die Linien nochmals nach.
Dadurch wird das Motiv auf das Holz übertragen.

**Arbeiten mit der Laubsäge**

Den Sägebogen sollten Sie beim Einspannen des Sägeblatts etwas zusammendrücken. Das Blatt in die Klemmbacken einlegen (achten Sie darauf, dass die Zacken immer nach unten zeigen) und dann die Flügelschraube mit der Hand oder einem Laubsägespanner festziehen. Ist das Blatt zu locker eingespannt, reisst es leicht. Je feiner das Sägeblatt ist, desto sauberer wird der Schnitt.
Befestigen Sie das Sägetischchen mit der Zwinge an einer überstehenden Tischkante. Halten Sie während des Sägens das Sperrholz mit einer Hand gut fest, damit es sich nicht verkantet oder vibriert. Das Sägeblatt sollte immer senkrecht stehen. Sägen Sie langsam und gleichmäßig an der aufgezeichneten Linie entlang.
Danach schmirgeln Sie den Rohling an der Oberfläche und den Kanten glatt. Sollten danach die aufgezeichneten Konturen nicht mehr sichtbar sein, übertragen Sie die Linien erneut mit Pauspapier. Dies erleichtert Ihnen anschließend das Bemalen der Motive.

# Buchsbaumkränzchen

## Material

1 Drahtring, Ø ca. 15 cm
Sperrholz, 4 mm dick
Schmirgelpapier
Zeitungspapier
Plakafarbe in Blau, Hellblau, Weiß, Maisgelb und Hellgrün
Haarpinsel Nr. 2, 4, 6
Blau-grün kariertes Band, 1 m
Blaues breites Band, 50 cm
Floristenband
Grüner Bindedraht
Gartenschere
Buchsbaumzweige
oder ein fertig gebundenes Buchsbaumkränzchen
Heißkleber

Umwickeln Sie den Drahtring mit Zeitungspapierstreifen und binden Sie darüber eine Lage Floristenband.
Nun schneiden Sie den Buchsbaum in ca. 10 cm lange Zweige und binden diese schichtweise mit Hilfe des Bindedrahtes um den Ring herum.
Sägen Sie das Vogelmotiv (siehe Vorlagenbogen) aus, schmirgeln Sie es glatt und bemalen Sie das Vögelchen entsprechend der Abbildung mit Plakafarbe. Kleben Sie anschließend den fertigen Vogel mit Heißkleber auf den Kranz.
Dekorieren Sie eine Schleife aus dem blauen und dem karierten Band auf dem Kranz, mit dem restlichen Band bilden Sie eine lange Schlaufe als Aufhänger.

# Frühlingsbild

## Material

1 Rebenrahmen, ca. 30 x 25 cm
Sperrholz, 4 mm dick
Schmirgelpapier
Plakafarbe oder Holzpen in Grün, Orange und Gelb
Haarpinsel Nr. 2
Bleistift
Gitterband in Natur, 10 cm breit, ca. 30 cm lang
Gelbes Band mit Blüten, 50 cm
Gelbes und orangefarbenes, schmales Satinband, 20 cm
1 Miniatur-Gießkanne aus Terrakotta
1 Miniatur-Spaten, ca. 8 cm
ca. 5 kleine Holzblüten, Entchen und Marienkäfer
Etwas Moos
1 Stöckchen, ca. 15 cm lang
Bindedraht
Nylonschnur
Heißkleber

Sägen Sie das Holzschild nach dem Vorlagenbogen aus dem Sperrholz aus und schmirgeln Sie die Kanten glatt. Beschriften Sie dann das Schild mit Plakafarbe oder einem Holzpen mit dem Schriftzug „Frühling". Vorsichtshalber sollten Sie die Schrift vorher mit Bleistift vorschreiben. Je nach Geschmack können Sie das Schild mit einer aufgemalten Blume oder Ähnlichem verzieren.
Kleben Sie nun das Gitterband, wie auf dem Foto abgebildet, von hinten gegen den Rebenrahmen.
Das Moos, die Miniatur-Gießkanne, den Spaten und die kleinen Blüten fixieren Sie mit Heißkleber auf dem Rahmen.
Als Nächstes befestigen Sie das Schild mit dem Schriftzug „ Frühling" zuerst auf dem Stöckchen und fixieren danach beides zusammen ebenfalls auf dem Rebenrahmen.
Legen Sie aus dem Blütenband eine Schleife und binden Sie diese mit den gelben und orangefarbenen Satinbändern zusammen.
Die fertige Schleife befestigen Sie mit Bindedraht in einer Ecke des Rahmens.
Als Aufhänger dient Ihnen ein Stück Nylonschnur.

Frühling

# Friesenbaum mit Frühlingsmotiven

## Material

1 Friesenbaum aus Holz, ca. 45 cm hoch
Sperrholz, 4 mm dick
Schmirgelpapier
Plakafarbe in Braun, Weiß und Schwarz
Haarpinsel Nr. 2 und 6
Gelbes, schmales Satinband, 30 cm
Orangefarbenes, schmales Satinband, 120 cm
1 Miniatur-Blumentopf, Ø ca. 2 cm
1 Miniatur-Gießkanne, ca. 3 cm hoch
1 Stück Miniatur-Zaun, ca. 20 cm lang
1 Spankörbchen, ca. 9 × 4 cm
4 Holzstreuer-Vögelchen
5 Holzstreuer-Blumen
4 Holzstreuer-Karotten
Einige Buchsbaumzweige
Etwas Moos
Wickeldraht
Heißkleber

Sägen Sie das Häschen gemäß der Vorlage aus, schmirgeln Sie die Kanten und Oberflächen glatt und bemalen Sie es von beiden Seiten.
Stecken Sie etwas Moos und die Spitze eines Buchsbaumzweiges in das Tontöpfchen und kleben Sie eine Holz-Blume (auch Holzstreuer genannt) auf den Zweig.
Füllen Sie nun das Spankörbchen mit etwas Moos und kleben Sie auch hier eine Blüte auf den Korb.
Bündeln Sie einige Buchsbaumzweige und binden Sie diese mit den gelben und orangefarbenen Satinbändern zusammen. Kleben Sie weitere drei Blüten auf die Zweige.
Fixieren Sie den kleinen Zaun auf der Mitte der unteren Verstrebung des Friesenbaums und kleben Sie einige Holzstreuer-Vögelchen darauf.
Umwickeln Sie mit Hilfe von Wickeldraht zwei Sprossen mit Moos, hängen Sie das Körbchen und den Buchsbaumstrauß mit Satinbändern wie in der Abbildung an die Sprossen und befestigen Sie die anderen Motive dem Foto entsprechend mit Heißkleber. Das restliche orangefarbene Satinband, das Sie unterhalb der oberen Kugel festknoten, dient als Aufhängung.

# Landhaus

## Material

1 Heubogen, ca. 20 cm lang
Sperrholz, 4 mm dick
Schmirgelpapier
Plakafarbe in Dunkelgrün, Karminrot und Weiß
Haarpinsel Nr. 6
Bleistift
Grün-rot kariertes Band, ca. 80 cm
Rotes und grünes Satinband, je 140 cm
Dicker Blumendraht, ca. 20 cm
Etwas Moos
Etwas Efeu
Bindedraht
Stichling oder kleiner Bohrer
Holzleim

Wickeln Sie mit Hilfe eines dicken Blumendrahts eine Lage Moos um den Heubogen herum. Fertigen Sie eine Schleife aus dem rot-grün karierten Band und binden Sie anschließend je ca. 60 cm der Satinbänder um den Schleifenknoten. Befestigen Sie die Schleife mit Bindedraht mittig am Moosbogen. Die restlichen Satinbänder knoten Sie jeweils an den Enden des Bogens fest. Sie dienen Ihnen später als Aufhängung.
Sägen Sie die Motive entsprechend dem Vorlagenbogen aus Sperrholz aus und schmirgeln Sie die Kanten und Oberflächen glatt. Bemalen Sie die Rohlinge der Abbildung entsprechend oder aber nach eigener Farbwahl. Um eine plastische Wirkung zu erzielen, leimen Sie die Bäume von hinten gegen das Haus. Tür und Herz werden vorne aufgeklebt.
Bohren Sie mit einem Stichling zwei Löcher in die Schornsteine. Wickeln Sie den Bindedraht um einen Bleistift und befestigen Sie die so entstandene Spirale am Dach. Mit diesem „Rauch" aus den Schornsteinen befestigen Sie nun das Häuschen am Moosbogen unterhalb der Schleife. Dekorieren Sie zum Schluss das Ganze mit Efeu.

# Katz und Maus

## Material

1 Drahtring, Ø ca. 15 cm,
Heu und Bindedraht
oder ein fertig gebundener
Heukranz, Ø 25 cm
Sperrholz, 4 mm dick
Schmirgelpapier
Plakafarbe in Schwarz, Weiß und
Grau
Haarpinsel Nr. 2 und 6
Gelb-rot kariertes Band, ca. 60 cm
Gelbes, rotes und orangefarbenes
Satinband, je 40 cm
1 Heurechen, 25 cm lang
1 weißes Stoffsäckchen,
ca. 8 × 10 cm
Heißkleber

Wickeln Sie eine Lage Heu fest um den Drahtring herum. Danach legen Sie ca. 10 cm große Schlaufen aus Heu und befestigen diese ebenfalls mit Bindedraht hintereinander auf dem Heukranz. Sie können natürlich auch einen fertig gebundenen Heukranz verwenden.
Sägen Sie nun die Katze und mindestens drei Mäuse aus. Die entsprechenden Schablonen finden Sie auf dem Vorlagenbogen. Schmirgeln Sie die Rohlinge glatt und bemalen Sie sie entsprechend der Abbildung.
Das Stoffsäckchen füllen Sie mit Heu und binden es mit den gelben, roten und orangefarbenen Bändern zusammen.
Kleben Sie nun die Katze und eine Maus auf das Säckchen. Fixieren Sie die übrigen Mäuse auf dem Rechen und kleben Sie beides auf den Heukranz. Sie können es auch von Mäusen nur so wimmeln lassen. Ihrer Fantasie sind keine Grenzen gesetzt.
Dekorieren Sie den Kranz noch mit gelb-rot kariertem Band, das gleichzeitig als Aufhänger dient.

# Maritimes

## Material

1 Rebenrahmen, ca. 16 × 20 cm
Sperrholz, 4 mm dick
Schmirgelpapier
Plakafarbe in Blau, Weiß, Schwarz, Grau und Gelb
Haarpinsel Nr. 2 und 4
Blaues Gitterband, ca. 20 cm
Blaue Kordel, ca. 20 cm
Etwas blaues Dschungelmoos
Einige Muscheln
Heißkleber

Sägen Sie den Leuchtturm und die Möwe dem Vorlagenbogen am Ende des Buches entsprechend aus und schmirgeln Sie die Kanten und Oberflächen glatt. Malen Sie die Objekte, wie auf dem Foto zu sehen, mit der Plakafarbe an.
Kleben Sie das blaue Gitterband von hinten in der unteren Hälfte des Rebenrahmens mit Heißkleber fest. Fixieren Sie nun das Moos, die Muscheln, den Leuchtturm und die Möwe auf dem Rahmen. Orientieren Sie sich bei der Anordnung an der Abbildung oder lassen Sie Ihrer Kreativität einfach freien Lauf.
Als Aufhänger dient ein Stück blaue Kordel, in die Sie den Rebenrahmen einhängen. Eine andere Möglichkeit wäre ein dicker Seemannsknoten, mit dem Sie die Kordel am Rahmen anbringen können.

# Südfrüchte

## Material

Sperrholz, 6 mm dick
Schmirgelpapier
Plakafarbe in Zitronengelb, Orange, Dunkelgrün, Gelbgrün und Braun
Haarpinsel Nr. 6 und 10
Passende Dekobänder (zum Beispiel mit Zitronen- oder Orangenmotiv)
Grüne Bastfäden
Einige Stöcke (zum Beispiel Haselruten)
Gartenschere
Bindedraht

Sägen Sie die Orange und die Zitrone aus dem Sperrholz aus. Eine Schablone hierfür finden Sie im angehängten Vorlagenbogen. Schmirgeln Sie anschließend die Kanten und Oberflächen gründlich glatt. Bemalen Sie die Motive entsprechend der Vorlage.
Die Haselruten schneiden Sie mit einer Gartenschere in ca. 25–30 cm lange Stücke. Binden Sie dann mehrere Stöcke mit Bindedraht zu einem Bündel zusammen. Achten Sie darauf, dass die Stöcke unterschiedlich lang sind.
Dekorieren Sie jedes Bündel mit den grünen Bastfäden, die Sie zu einer Schleife binden, und dem passenden Dekoband. Lassen Sie die Enden der Bastfäden locker herabhängen.
Knoten Sie zum Schluss mit einem längeren Bastfaden die Zitrone und die Orange an die jeweiligen Haselrutenbündel an, sodass die Früchte frei herabbaumeln.

# Herbststimmung

## Material

1 Rebenbogen, ca. 40 cm lang
Sperrholz, 4 mm dick
Schmirgelpapier
Wasserlösliche Beize in Gelb, Orange und Braun oder Plakafarbe bzw. Wasserfarbe
Borstenpinsel Nr. 8
Rostfarbenes Satinband, ca. 90 cm
Dekoband mit Blättern, ca. 50 cm
Rostfarbenes Gitterband, ca. 25 cm
Bastfäden
Etwas Moos
1 Zapfen
1 Dekopilz
Nach Belieben 1 bis 2 Efeuranken
Bindedraht
Heißkleber

Sägen Sie das Eichhörnchen und die Blätter anhand des Vorlagenbogens aus dem Sperrholz aus und schmirgeln Sie die Kanten und Oberflächen glatt.
Bemalen Sie das Eichhörnchen mit brauner Beize. Die Blätter beizen Sie in Gelb, Orange und Braun. Dabei tragen Sie zuerst die hellen Farben fleckig auf und tönen diese danach in Braun ab. Wer keine Beize hat oder kaufen möchte, kann auch Plaka- oder Wasserfarben verwenden.
Den Rebenbogen umwickeln Sie mit Moos. An den Enden knoten Sie das rostfarbene Satinband an, mit Hilfe dessen Sie den Bogen später aufhängen können. Das ausgesägte Eichhörnchen, den Zapfen und den Dekopilz kleben Sie mit Heißkleber auf das Moos auf.
Aus dem Dekoband und dem rostfarbenen Gitterband legen Sie eine Schleife und binden sie dann mit einigen Bastfäden zusammen.
Knoten Sie die ausgesägten Blätter an die Bastfäden, sodass sie locker herabhängen, und befestigen Sie das Ganze mit Bindedraht mittig am Rebenbogen. Dekorieren Sie je nach Belieben noch Efeuranken dazu.

# Igelkind

## Material

1 Rebenkranz, Ø ca. 25 cm
Sperrholz, 4 mm dick
Schmirgelpapier
Plakafarbe in Ocker, Dunkelbraun, Grau und Schwarz
Haarpinsel Nr. 2 und 4
Grün-weiß kariertes Band, ca. 50 cm
Etwas Moos
1 Efeuranke
Hagebutten
1 Tonscherbe
Grüner Bindedraht
Heißkleber

Sägen Sie den Igel nach dem Vorlagenbogen aus dem Sperrholz aus und schmirgeln Sie ihn glatt.
Bemalen Sie nun den Körper in Ocker und den Kopf in Hellbraun. Mischen Sie dafür die Farben Dunkelbraun und Ocker. Lassen Sie diese gut trocknen und malen Sie dann die Stacheln mit einem dünnen Pinsel in Schwarz und Grau auf. Das Gesicht wird ebenfalls mit Schwarz gemalt.
Umwickeln Sie nun einen kleinen Teil des Rebenkranzes mit Moos. Kleben Sie mit Heißkleber den ausgesägten Igel, ein paar Hagebutten und eine Tonscherbe darauf. Dekorieren Sie abschließend eine Efeuranke um den Kranz und befestigen Sie das grün-weiß karierte Band mit einem groben Knoten an den Enden als Aufhänger.

# Himmlische Klänge

## Material

1 Strohkranz, Ø ca. 25 cm
Sperrholz, 4 mm dick
Schmirgelpapier
Plakafarbe in Gold
Haarpinsel Nr. 6
Notenband, ca. 20 cm
Goldkordel, ca. 90 cm
Floristenband
Wickeldraht
Gartenschere
Verschiedene Koniferen- und Tannenzweige
oder 1 fertig gebundener Kranz aus dem Blumenladen
Stichling oder kleiner Bohrer
Heißkleber

Sägen Sie den Notenschlüssel und die Noten aus dem Sperrholz aus. Die Schablonen hierfür finden Sie auf dem Vorlagenbogen am Ende des Buches. Beim Notenschlüssel bohren Sie an den mit „x" gekennzeichneten Stellen ein Loch. Das Sägeblatt stecken Sie nun von unten nach oben hindurch, ziehen es fest und sägen so die markierte Öffnung heraus.

Danach schmirgeln Sie die Motive glatt und bemalen sie mit Goldplakafarbe.

Umwickeln Sie den Strohkranz mit Floristenband.

Aus den Tannen- und Koniferenzweigen schneiden Sie mit einer Gartenschere ca. 15 cm lange Ästchen zu.

Daraus legen Sie kleine Bündel zusammen und binden diese schichtweise mit Wickeldraht um den Strohkranz.

Kleben Sie die ausgesägten Noten und Notenschlüssel mit Heißkleber auf den Kranz.

Zum Schluss dekorieren Sie das Ganze mit Bändern. Idealerweise verwenden Sie ein Band, das dem abgebildeten Notenband entspricht. Ein Goldband oder eine goldene Kordel sehen aber auch sehr festlich aus.

# Weihnachtskranz

## Material

1 Rebenkranz, Ø ca. 25 cm
Sperrholz, 4 mm dick
Schmirgelpapier
Plakafarbe in Braun und Weiß
Haarpinsel Nr. 2 und 6
Grün-weiß kariertes Band, ca. 1 m
2 große Zimtstangen
1 Bündel Naturbast
1 kleines Rebenkörbchen, ca. 3 cm (eventuell mit kleiner Lebkuchenfigur)
Stichling oder kleiner Bohrer
Heißkleber

Sägen Sie die Motive (Nikolaus, Stiefel und Tannenbaum), die Sie auf dem Vorlagenbogen finden, aus und schmirgeln Sie die Kanten und Oberflächen gründlich glatt.
Die Rohlinge werden dann mit brauner Plakafarbe grundiert. Nach dem Trocknen zeichnen Sie die Konturen mit weißer Plakafarbe auf und malen die weißen Farbflächen aus.
Das grün-weiß karierte Band schlingen Sie locker um den Rebenkranz herum und verknoten es am Ende.
Aus Bast binden Sie dann eine große Schleife und befestigen diese auf dem Rebenkranz. Die beiden Zimtstangen durch die Schleife stecken und eventuell mit etwas Kleber fixieren.
Den Nikolaus, den Tannenbaum und das Körbchen kleben Sie nun mit Heißkleber auf.
Bohren Sie ein kleines Loch oben in den Nikolausstiefel, fädeln Sie dort Bast hindurch und hängen Sie den Stiefel so in den Kranz, dass er locker herabbaumelt.
Mit einem weiteren Bastfaden binden Sie eine Schlaufe, an der Sie den Kranz aufhängen können.

# Lebkuchen

## Material

Sperrholz, 4 mm dick
Schmirgelpapier
Plakafarbe in Braun, Dunkelbraun und Weiß
Haarpinsel Nr. 4 und 6
Braun-weiß kariertes Band oder Kordel (pro Motiv ca. 50 cm)
Rot-weiß kariertes Band, ca. 50 cm
Bastbündel
1 Stück Kerzendraht, ca. 40 cm
Stichling oder kleiner Bohrer

Sägen Sie die Motive (Schablonen auf dem Vorlagenbogen) aus. Bei der Brezel und dem Kringel bohren Sie an der mit „x" gekennzeichneten Stelle ein Loch. Das Sägeblatt stecken Sie jetzt von unten nach oben hindurch, ziehen es fest und sägen die markierte Öffnung heraus.
Grundieren Sie die Rohlinge mit brauner Plakafarbe und lassen Sie die Farbe gut trocknen.
Die Verzierungen tragen Sie dann in den entsprechenden Farben auf.
Den Lebkuchenmann durchbohren Sie an den markierten Stellen mit einem Stichling.
Biegen Sie den Kerzendraht u-förmig zurecht und haken Sie ihn in die Löcher ein. Legen Sie aus dem rot-weiß karierten Band eine Schleife und knoten Sie diese oben an den Draht.
Kringel, Herz und Brezel dekorieren Sie ebenfalls mit braun-weiß kariertem Band oder einer braun-weißen Kordel.
Platzieren Sie die Objekte zum Schluss beispielsweise auf einem Bastbündel, wie in der Abbildung gezeigt.

# Schneegestöber

## Material

Sperrholz, 4 mm dick
Schmirgelpapier
3 gerade Stöcke (zum Beispiel Haselruten ), ca. 25 cm lang
Plakafarbe in Weiß, Schwarz, Rot und Braun
Haarpinsel Nr. 2 und 6
Breites blaues und weißes Satinband, jeweils ca. 50 cm
Schmales blaues Satinband, ca. 80 cm
Schmales weißes Satinband, ca. 10 cm
Blau-weiß gestreiftes Band, ca. 50 cm
Rest blauer Stoff, ca. 7 × 12 cm
Volumenvlies
2 Knöpfe
Blau-weiß gestreifter Strickschlauch, ca. 25 cm
Rundholz, 1,5 cm, Ø 3 mm (für die Nase)
1 Miniatur-Besen, ca. 15 cm
Zapfen
Kunstschnee
Kordel oder Bindedraht
Heißkleber
Bastelkleber

Sägen Sie den Schneemann (siehe Vorlagenbogen) aus und bemalen Sie ihn entsprechend der Abbildung.
Spitzen Sie das Rundholz für die Nase an, bemalen Sie es mit roter Plakafarbe und kleben Sie es mit Heißkleber auf den Schneemann auf.
Das blaue Stoffstück für die Mütze fixieren Sie mit Bastelkleber am Kopf. Mit einem schmalen weißen Satinband binden Sie dann den Stoff oben zu einer Pudelmütze zusammen.
Knoten Sie den Strickschlauch wie einen Schal um den Hals des Schneemanns und kleben Sie die Knöpfe und den kleinen Besen mit Heißkleber auf.
Sägen Sie den Schlitten aus und bemalen Sie ihn mit Plakafarbe. Die drei Stöcke werden zu einem Dreieck zusammengelegt und mit einer Kordel oder einem Draht miteinander verbunden.
Das blau-weiß gestreifte Band, das breite blaue und weiße sowie das schmale blaue Satinband knoten Sie an der rechten unteren Seite des Dreiecks an.
Schneiden Sie das Volumenvlies zackenförmig aus und kleben Sie es zusammen mit dem Schneemann und dem Schlitten auf das Dreieck.
Dekorieren Sie das Ganze mit Zapfen und Kunstschnee.

Die im Buch veröffentlichten Ratschläge wurden von den Verfasserinnen und dem Verlag sorgfältig erarbeitet und geprüft. Eine Garantie kann dennoch nicht übernommen werden, ebenso ist eine Haftung der Verfasserinnen bzw. des Verlages und seiner Beauftragten für Personen-, Sach- und Vermögensschäden ausgeschlossen.

Die Deutsche Bibliothek – CIP-Einheitsaufnahme
**Ohland, Andrea / Schneider, Barbara:**
Wandkränze und Türschmuck fürs ganze Jahr / Andrea Ohland / Barbara Schneider. – Berlin : Urania-Ravensburger, 1999
ISBN 3-332-01048-4


Umschlaggestaltung: Morian & Bayer-Eynck, Coesfeld
Fotos: Sabine Münch
Lektorat: Ulrike Baak
Innengestaltung: R. J. Fischer, Berlin
Satz: City Repro, Berlin
Druck: Magdeburger Druckerei
Printed in Germany

Gedruckt auf alterungsbeständigem Papier mit chlorfrei gebleichtem Zellstoff.

Die Schreibweise entspricht den Regeln der neuen Rechtschreibung.

02 01 00 99 4 3 2 1

ISBN 3-332-01048-4